श्रीसत्यनारायण व्रत

प्रकाशक: डिवाइनभारत

चित्रांकन सुजाता साहा

ISBN 978-93-344-2970-1

प्रकाशक: डिवाइनभारत

डिज़ाइनर: सुजाता साहा

वेबसाइट: www.divinebharat.co

विषयानुक्रमणिका

1. प्रस्तावना
2. पूजा सामग्री
3. श्री सत्यनारायण व्रत-पूजन विधि
4. श्री सत्यनारायण अष्टोत्तर शतनामावलि
5. श्रीस्कान्दपुराणे रेवाखण्डे श्रीसत्यनारायण व्रतकथा (संस्कृत)
6. श्री स्कन्द पुराण के रेवाखण्ड में वर्णित श्री सत्यनारायण व्रत की कथा। (हिंदी अनुवाद)
7. आरती

प्रस्तावना

सत्य को नारायण (भगवान विष्णु) के रूप में पूजना ही सत्यनारायण पूजा कहलाती है। इस व्रत के माध्यम से भक्त यह मानते हैं कि सत्य और धर्म का पालन करके जीवन में सुख, समृद्धि और मोक्ष की प्राप्ति संभव है।सत्यनारायण पूजा का मुख्य उद्देश्य जीवन की परेशानियों, दुखों और संकटों का निवारण करना है। इसके अलावा, भक्त अपनी इच्छाओं की पूर्ति, पारिवारिक सुख-समृद्धि और आध्यात्मिक उन्नति के लिए भी इस व्रत का पालन करते हैं। यह पूजा विशेष अवसरों जैसे जन्मदिन, विवाह, गृह प्रवेश और अन्य शुभ अवसरों पर भी की जाती है।

सत्यनारायण व्रत किसी भी महीने की पूर्णिमा, एकादशी या गुरुवार के दिन किया जा सकता है। इस पूजा और कथा का पालन स्त्री और पुरुष दोनों कर सकते हैं।

इस व्रत की परंपरा का उल्लेख नारद मुनि और भगवान विष्णु के संवाद में मिलता है। जब नारद मुनि ने पृथ्वी पर दुख और अभाव देखे, तब भगवान ने उन्हें यह व्रत बताया और साथ ही कथा सुनाने का आदेश दिया। भगवान ने यह भी कहा कि इस व्रत में रिश्तेदारों, पड़ोसियों और मित्रों को बुलाकर भोजन कराना और विविध प्रकार के फल अर्पित करना आवश्यक है। इससे जीवन के दुःख-दरिद्रता का नाश होता है और सुख-समृद्धि की प्राप्ति होती है।
सत्यनारायण व्रत कथा का उल्लेख स्कंद पुराण के रेवा खण्ड में मिलता है। कथा के प्रमुख पात्रों में शतानंद ब्राह्मण, काष्ठ विक्रेता, भील राजा उल्कामुख, साधु नामक बनिया और राजा तुंगध्वज

शामिल हैं। श्रीसत्यनारायणव्रतकथा परम्परागत रूप से 170 संस्कृत श्लोकों और पाँच अध्यायों में उपलब्ध है।

- प्रथम अध्याय – नारदजी और भगवान विष्णु का संवाद, व्रत का विधान।
- द्वितीय अध्याय – निर्धन ब्राह्मण की कथा।
- तृतीय अध्याय – साधुवाणिज व उसकी कन्याओं (लीलावती, कलावती) की कथा।
- चतुर्थ अध्याय – वही साधुवाणिज समुद्रयात्रा व विस्मरण के कारण संकटग्रस्त होकर पुनः कृपा प्राप्त करता है।
- पंचम अध्याय – तुङ्गध्वज राजा की कथा, जिसने प्रसाद का अनादर किया और विपत्ति झेलकर अन्त में व्रत कर मुक्ति पाई।

इसके बाद प्रायः ग्रन्थों और पूजा-पद्धतियों में फलश्रुति / मङ्गलश्लोक जोड़े जाते हैं, जिनमें कहा जाता है कि —
जो श्रद्धा से इस व्रतकथा का श्रवण व पालन करता है, वह सर्वसुख, पुत्र, धन, मोक्ष और विष्णुलोक की प्राप्ति करता है।

क्षेत्रीय विविधताएँ

कहीं पर गणेश और कलश पूजन साथ-साथ किए जाते हैं। आमंत्रित देवताओं की संख्या परंपरा अनुसार बदलती है, जिससे सिक्कों और पान के पत्तों की संख्या भी बदल जाती है।

पूजा और सामग्री

पूजा में निम्नलिखित वस्तुएँ उपयोग होती हैं:

- हल्दी पाउडर
- कुमकुम (लाल सिंदूर)
- नवधान्य (नौ प्रकार के अनाज/जड़ी-बूटियाँ, जिन्हें नवग्रह को अर्पित किया जाता है)
- अगरबत्ती
- कपूर
- चंदन का लेप
- भगवान सत्यनारायण का फोटो फ्रेम किया हुआ चित्र
- भगवान सत्यनारायण की छोटी मूर्ति या सिक्का (वैकल्पिक)
- गेहूँ या ज्वार
- पान के पत्ते
- सुपारी
- सिक्के
- खजूर/बादाम
- नारियल)
- फूल और फूलों की माला

- दो कलश (चाँदी, तांबा, पीतल या मिट्टी के) – एक कलश स्थापना के लिए और दूसरा अनुष्ठान के लिए
- थालियाँ
- घंटी
- एक बड़ा पीढ़ा (वेदी के लिए)
- बड़ा पीला कपड़ा (वेदी को ढकने के लिए) – पीला भगवान सत्यनारायण का प्रिय रंग है
- कलश के लिए पीला या लाल कपड़ा
- घी का दीपक (कम से कम तीन बत्तियों वाला)
- तेल का दीपक
- सूती बत्तियाँ
- पंचामृत (दूध, दही, शहद, चीनी और घी का मिश्रण, बिना पकाया हुआ)
- शंख
- तुलसी के पत्ते / तुलसी मंजरी (तुलसी के फूल)
- केले का पेड़ या पत्ते (छत्र के रूप में)
- सफेद तिल (दो चम्मच; भगवान सत्यनारायण को प्रिय)
- गुलाब का फूल (भगवान का प्रिय फूल)

श्री सत्यनारायण व्रत-पूजन विधि

व्रत की तैयारी

- व्रत की पूर्व संध्या को संकल्प करें और भगवान सत्यनारायण का ध्यान करें।
- व्रत के दिन प्रातः स्नान कर शुद्ध वस्त्र धारण करें।
- संभव हो तो दिनभर उपवास रखें और पूजा के बाद ही प्रसाद ग्रहण करें।
- दरवाजे को आम्रपत्रों से सजाएँ।
- पूजा स्थल को स्वच्छ कर पूर्व दिशा में वेदी स्थापित करें। उस पर कपड़ा बिछाकर कच्चा चावल बिखेरें।
- रंगोली या पुष्पों से वेदी सजाएँ।
- वेदी पर बीच में **कलश** रखें। इसमें सुपारी, सिक्का, जव या गेहूँ डालकर स्वच्छ जल भरें। ऊपर नारियल रखें जिसे लाल वस्त्र से लपेटें और पाँच आम के पत्ते लगाएँ। कलश पर मौली बाँधकर स्वस्तिक का चिन्ह बनाएँ।
- कलश के पीछे भगवान सत्यनारायण की तस्वीर या प्रतिमा स्थापित करें। उस पर पुष्प, माला, चंदन और कुमकुम अर्पित करें।

- पूजा की सभी सामग्री वेदी के समीप रखें।
- सभी भक्त वेदी की ओर मुख करके बैठें।

विशेष नैवेद्य / प्रसाद

- **पंचामृत** – दूध, दही, घी, शहद और शक्कर मिलाकर तैयार करें।
- **पंजीरी/कसार** – गेहूँ के आटे को घी में भूनकर उसमें शक्कर, मेवे और तुलसी की पत्तियाँ मिलाएँ। साथ ही केले, सेब आदि फल भी अर्पित करें।

प्रसाद बनाने के तरीके क्षेत्र के अनुसार भिन्न होते हैं। इसे विभिन्न नामों से भी जाना जाता है – दक्षिण भारत प्रसादम्, मराठी शीरा, गुजराती शीरा, बंगाली सिन्नी, पंजाबी पंजीरी आदि।

पूजन क्रम

1. श्री गणेश पूजा
2. कलश पूजन
3. पंचदेव पूजन
4. षोडशमातृका पूजन
5. नवग्रह पूजन
6. सत्यनारायण भगवान का पूजन
7. सत्यनारायण व्रत कथा श्रवण
8. आरती
9. प्रसाद वितरण

मङ्गलम् भगवान विष्णुः, मङ्गलम् गरुडध्वजः।
मङ्गलम् पुण्डरी काक्षः, मङ्गलाय तनो हरिः॥

श्री सत्यनारायण अष्टोत्तर शतनामावलि

ॐ नारायणाय नमः ।

ॐ नराय नमः ।

ॐ शौरये नमः ।

ॐ चक्रपाणये नमः ।

ॐ जनार्दनाय नमः ।

ॐ वासुदेवाय नमः ।

ॐ जगद्योनये नमः ।

ॐ वामनाय नमः ।

ॐ ज्ञानपञ्जराय नमः (10)

ॐ श्रीवल्लभाय नमः ।

ॐ जगन्नाथाय नमः ।

ॐ चतुर्मूर्तये नमः ।

ॐ व्योमकेशाय नमः ।

ॐ हृषीकेशाय नमः ।

ॐ शङ्कराय नमः ।

ॐ गरुडध्वजाय नमः ।

ॐ नारसिंहाय नमः ।

ॐ महादेवाय नमः ।

ॐ स्वयम्भुवे नमः ।

ॐ भुवनेश्वराय नमः (20)

ॐ श्रीधराय नमः ।

ॐ देवकीपुत्राय नमः ।

ॐ पार्थसारथये नमः ।

ॐ अच्युताय नमः ।

ॐ शङ्खपाणये नमः ।

ॐ परञ्ज्योतिषे नमः ।

ॐ आत्मज्योतिषे नमः ।

ॐ अचञ्चलाय नमः ।

ॐ श्रीवत्साङ्काय नमः ।

ॐ अखिलाधाराय नमः (30)

ॐ सर्वलोकप्रतिप्रभवे नमः ।

ॐ त्रिविक्रमाय नमः ।

ॐ त्रिकालज्ञानाय नमः ।

ॐ त्रिधाम्ने नमः ।

ॐ करुणाकराय नमः ।

ॐ सर्वज्ञाय नमः ।

ॐ सर्वगाय नमः ।

ॐ सर्वस्मै नमः ।

ॐ सर्वेशाय नमः ।

ॐ सर्वसाक्षिकाय नमः (40)

ॐ हरये नमः ।

ॐ शार्ङ्गिणे नमः ।

ॐ हराय नमः ।

ॐ शेषाय नमः ।

ॐ हलायुधाय नमः ।

ॐ सहस्त्रबाहवे नमः ।

ॐ अव्यक्ताय नमः ।

ॐ सहस्त्राक्षाय नमः ।

ॐ अक्षराय नमः ।

ॐ क्षराय नमः (50)

ॐ गजारिघ्नाय नमः ।

ॐ केशवाय नमः ।

ॐ केशिमर्दनाय नमः ।

ॐ कैटभारये नमः ।

ॐ अविद्यारये नमः ।

ॐ कामदाय नमः ।

ॐ कमलेक्षणाय नमः ।

ॐ हंसशत्रवे नमः ।

ॐ अधर्मशत्रवे नमः ।

ॐ काकुत्स्थाय नमः (60)

ॐ खगवाहनाय नमः ।

ॐ नीलाम्बुदद्युतये नमः ।

ॐ नित्याय नमः ।

ॐ नित्यतृप्ताय नमः ।

ॐ नित्यानन्दाय नमः ।

ॐ सुराध्यक्षाय नमः ।

ॐ निर्विकल्पाय नमः ।

ॐ निरञ्जनाय नमः ।

ॐ ब्रह्मण्याय नमः ।

ॐ पृथिवीनाथाय नमः (70)

ॐ पीतवाससे नमः ।

ॐ गुहाश्रयाय नमः ।

ॐ वेदगर्भाय नमः ।

ॐ विभवे नमः ।

ॐ विष्णवे नमः ।

ॐ श्रीमते नमः ।

ॐ त्रैलोक्यभूषणाय नमः ।

ॐ यज्ञमूर्तये नमः ।

ॐ अमेयात्मने नमः ।

ॐ वरदाय नमः (80)

ॐ वासवानुजाय नमः ।

ॐ जितेन्द्रियाय नमः ।

ॐ जितक्रोधाय नमः ।

ॐ समदृष्टये नमः ।

ॐ सनातनाय नमः ।

ॐ भक्तप्रियाय नमः ।

ॐ जगत्पूज्याय नमः ।

ॐ परमात्मने नमः ।

ॐ असुरान्तकाय नमः ।

ॐ सर्वलोकानामन्तकाय नमः (90)

ॐ अनन्ताय नमः ।

ॐ अनन्तविक्रमाय नमः ।

ॐ मायाधाराय नमः ।

ॐ निराधाराय नमः ।

ॐ सर्वाधाराय नमः ।

ॐ धराधाराय नमः ।

ॐ निष्कलङ्काय नमः ।

ॐ निराभासाय नमः ।

ॐ निष्प्रपञ्चाय नमः ।

ॐ निरामयाय नमः (100)

ॐ भक्तवश्याय नमः ।

ॐ महोदाराय नमः ।

ॐ पुण्यकीर्तये नमः ।

ॐ पुरातनाय नमः ।

ॐ त्रिकालज्ञाय नमः ।

ॐ विष्टरश्रवसे नमः ।

ॐ चतुर्भुजाय नमः ।

ॐ श्रीसत्यनारायणस्वामिने नमः (108)

श्रीस्कान्दपुराणे रेवाखण्डे श्रीसत्यनारायण व्रतकथा

(संस्कृत)

॥ श्री गणेशाय नमः ॥

॥ श्रीपरमात्मने नमः ॥

अथ कथा प्रारम्भः ।

अथ प्रथमो-ऽध्यायः

व्यास उवाच

एकदा नैमिषारण्ये ऋषयः शौनकादयः ।
प्रपच्छुर्मुनयः सर्वे सूतं पौराणिकं खलु ॥1॥

ऋषय उवाच

व्रतेन तपसा किं वा प्राप्यते वांछितं फलम् ।
तत्सर्वं श्रोतुमिच्छामः कथयस्व महामुने ॥2॥

सूत उवाच

नारदेनैव संपृष्टो भगवान् कमलापतिः ।
सुरर्षये यथैवाह तच्छृणुध्वं समाहिताः ॥3॥
एकदा नारदो योगी परानुग्रहकांक्षया ।
पर्यटन् विविधान् लोकान् मर्त्यलोकम् उपागतः॥4॥

ततो दृष्ट्वा जनान् सर्वान् नाना क्लेश समन्वितान्।
नानायोनि समुत्पान्नान् क्लिश्यमानान् स्वकर्मभिः ॥5॥
केनोपायेन चैतेषां दुःखनाशो भवेद्ध्रुवम् ।
इति संचिन्त्य मनसा विष्णुलोकं गतस्तदा ॥6॥
तत्र नारायणंदेवं शुक्लवर्णं चतुर्भुजम् ।
शंख चक्र गदा पद्म वनमाला विभूषितम् ॥7॥
दृष्ट्वा तं देवदेवेशं स्तोतुं समुपचक्रमे ।

नारद उवाच

नमो वांगमनसातीत- रूपायानंतशक्तये ।
आदिमध्यांतहीनाय निर्गुणाय गुणात्मने ॥8॥
सर्वेषामादिभूताय भक्तानामार्तिनाशिने ।
श्रुत्वा स्तोत्रं ततो विष्णुर्नारदं प्रत्यभाषत् ॥9॥

श्रीभगवानुवाच

किमर्थमागतोऽसि त्वं किंते मनसि वर्तते ।
कथायस्व महाभाग तत्सर्वं कथायमिते ॥10॥

नारद उवाच

मर्त्यलोके जनाः सर्वे नानाक्लेशसमन्विताः ।
ननायोनिसमुत्पन्नाः पच्यन्ते पापकर्मभिः ॥11॥
तत्कथं शमयेन्नाथ लघूपायेन तद्वद् ।

श्रोतुमिच्छामि तत्सर्वं कृपास्ति यदि ते मयि ॥12॥

श्रीभगवानुवाच

साधु पृष्टं त्वया वत्स लोकानुग्रहकांक्षया ।
यत्कृत्वा मुच्यते मोहत्तच्छृणुष्व वदामि ते ॥13॥
व्रतमस्ति महत्पुण्यं स्वर्गे मर्त्ये च दुर्लभम् ।
तव स्नेहान्मया वत्स प्रकाशः क्रियतेऽधुना ॥14॥
सत्यनारायणस्यैवं व्रतं सम्यग्विधानतः ।
कृत्वा सद्यः सुखं भुक्त्वा परत्र मोक्षमाप्युयात् । ॥15॥
तच्छुत्वा भगवद्वाक्यं नारदो मुनिरब्रवीत् ॥

नारद उवाच

किं फलं किं विधानं च कृतं केनैव तद्व्रतम् ।
तत्सर्वं विस्तराद् ब्रूहि कदा कार्यं व्रतम् प्रभो ॥16॥

श्रीभगवानुवाच

दुःख शोकादिमनं धनधान्य प्रवर्धनम् ॥17॥
सौभाग्य सन्ततिकरं सर्वत्र विजयप्रदम् ।
यस्मिन्कस्मिन्दिने मर्त्यो भक्ति श्रद्धासमन्वितः ॥18॥
सत्यनारायणं देवं यजेच्चैव निशामुखे ।
ब्राह्मणैर्बान्धवैश्चैव सहितो धर्मतत्परः ॥19॥
नैवेद्यं भक्तितो दद्यात्सपादं भक्ष्यमुत्तमम् ।
रंभाफलं घृतं क्षीरं गोधूममस्य च चूर्णकम् ॥20॥

अभावे शालिचूर्णं वा शर्करा वा गुडस्तथा ।
सपादं सर्वभक्ष्याणि चैकीकृत्य निवेदयेत् ॥21॥
विप्राय दक्षिणां दद्यात्कथां श्रुत्वा जनैः सह ।
ततश्च बन्धुमिः सार्धं विप्रांश्च प्रतिभोजयेत् ॥22॥
प्रसादं भक्षयभ्दक्त्या नृत्यगीतादिकं चरेत् ।
ततश्च स्वगृहं गच्छेत्सत्यनारायणं स्मरन् ॥23॥
एवं कृते मनुष्याणां वांछासिद्धिर्भवेद् ध्रुवम् ।
विशेषतः कलियुगे लघूपायऽस्ति भूतले ॥24॥

इति श्रीस्कन्द पुराणे रेवाखण्डे ॥

सत्यनारायण व्रत कथायां प्रथमोऽध्यायः समाप्तः ॥

अथ द्वितीयोऽध्यायः

सूत उवाच

अथान्यत्संप्रवक्ष्यामि कृतं येन पुरा द्विजाः।

कश्चित् काशीपुरे रम्ये ह्यासीद्विप्रोऽतिनिर्धनः ॥1॥

क्षुत्तृड्भ्यां व्याकुलो भूत्वा नित्यं बभ्राम भूतले ।

दुःखितं ब्राह्मणं दृष्ट्वा भगवान्ब्राह्मणप्रियः ॥2॥

वृद्धब्राह्मण रूपस्तं पप्रच्छ द्विजमादरात् ।

किमर्थं भ्रमसे विप्र महीं नित्यं सुदःखितः॥3॥

तत्सर्वं श्रोतुमिच्छामि कथ्यतां द्विजसत्तम।

ब्राह्मण उवाच

ब्राह्मणोऽति दरिद्रोऽहं भिक्षार्थं वै भ्रमे महीम् ॥4॥

उपायं यदि जानासि कृपया कथय प्रभो ।

वृद्धब्राह्मण उवाच

सत्यनारायणो विष्णुर्वांछितार्थफलप्रदः ॥5॥

तस्य त्वं पूजनं विप्र कुरुष्व व्रतमुत्तमम् ।

यत्कृत्वा सर्वदुखेभ्यो मुक्तो भवति मानवः ॥6॥

विधानं च व्रतस्यापि विप्रायाभाष्य यत्नतः ।

सत्यनारायणो वृद्धस्तत्रैवान्तरधीयत् ॥7॥

तद्व्रतं संकरिष्यामि यदुक्तं ब्राह्मणेन वै ।

इति संचिंत्य विप्रोऽसौ रात्रौ निद्रां न लब्धवान् ॥8॥
ततः प्रातः समुत्थाय सत्यनारायणव्रतम् ।
करिष्य इति संकल्प्य भिक्षार्थमगमद् द्विजः ॥9॥
तस्मिन्नेव दिने विप्रः प्रचुरं द्रव्यमाप्तवान् ।
तेनैव बन्धुभिः सार्धं सत्यस्य ब्रतमाचरत् ॥10॥
सर्वदुःखविनिर्मुक्तः सर्वसंपत्समन्वितः ।
बभूव स द्विजश्रेष्ठो व्रतस्यास्य प्रभावतः ॥11॥
ततः प्रभृति कालं चम मासि व्रतं कृतम् ।
एवं नारायणेवेकतिम व्रतं कृत्वा द्विजोत्तमः ॥12॥
सर्वपापविनिर्मुक्तो दुर्लभं मोक्षमाप्तवान् ।
व्रतमस्य यदा विप्राः पृथिव्यां संकरिष्यति ॥13॥
तदैव सर्वदुःखं तु मनुजस्य विनश्यति ।
एवं नारायणेनोक्तं नारदाय महात्मने ॥14॥
मया तत्कथितं विप्राः किमन्यत्कथयामि वः ।

ऋषयः उवाच

तस्माद्विप्राच्छ्रुतं केन पृथिव्यां चरितं मुने ।
तत्सर्वं श्रोतुमिच्छामः श्रद्धाऽस्माकं प्रजायते ॥15॥

सूत उवाच

श्रृणुध्वं मुनयः सर्वे व्रतं येन कृतं भुवि ।

एकदा स द्विजवरो यथाविभवविस्तारै ॥16॥
बन्धुभिः स्वजनैः सार्धं व्रतं कर्तुं समुद्यतः ।
एतस्मिन्नंतरे काले काष्ठक्रेता समागमत् ॥17॥
बहिःकाष्ठं च संस्थाप्य विप्रस्य गृहमाययौ ।
तृष्णाया पीडितात्मा च दृष्ट्वा विप्रं कृतव्रतम् ॥18॥
प्रणिपत्य द्विजं प्राह किमिदं त्वया ।
कृते किं फलमाप्नोति विस्तराद्वद मे प्रभो ॥19॥

विप्र उवाच

सत्यनारायणेस्येदं व्रतं सर्वेप्सितप्रदम् ।
तस्य प्रसादान्मे सर्वं धनधान्यादिकं महत् ॥20॥
तस्मादेतद्व्रतं ज्ञात्वा काष्ठक्रेताऽतिहर्षितः ।
पपौ जलं प्रसादं च भुक्त्वा च नगरं ययौ ॥21॥
सत्यनारायणं देवं मनसा इत्यचिन्तयत् ।
काष्ठं विक्रयतो ग्रामे प्राप्यते चाद्य यद्धनम् ॥22॥
तेनैव सत्यदेवस्य करिष्ये व्रतमुत्तमम् ।
इति संचिन्त्य मनसा काष्ठं धृत्वा तु मस्तके ॥23॥
जगाम नगरे रम्ये धनिनां यत्र संस्थितिः ।
तद्दिने काष्ठमूल्यं च द्विगुणं प्राप्तवानसौ ॥24॥

ततः प्रसन्नहृदयः सुपक्वं कदली फलम् ।
शर्कराघृतदुग्धं च गौधूमस्य च चूर्णकम् ॥25॥
कृत्वैकत्र सपादं च गृहीत्वा स्वगृहं ययौ ।
ततो बन्धून् समाहूय चकार विधिना व्रतम् ॥26॥
तद्व्रतस्य प्रभावेण धनपुत्रान्वितोऽभवत् ।
इह लोके सुखं भुक्त्वा चांते सत्यपुरं ययौ ॥27॥

॥ इति श्रीस्कन्द पुराणे रेवाखण्डे ॥
सत्यनारायण व्रत कथायां द्वितीयोऽध्यायः समाप्तः

अथ तृतीयोऽध्यायः

सूत उवाच

पुनरग्रे प्रवक्ष्यामि श्रृणुध्वं मुनि सत्तमाः ।

पुरा उल्कामुखो नाम नृपश्चासीन्महामतिः ॥1॥

जितेन्द्रियःसत्यवादी ययौ देवालयं प्रति ।

दिने दिने धनं दत्त्वा द्विजान् संतोषयन्मुधीः ॥2॥

भार्या तस्य प्रमुग्धा च सरोजवदना सती ।

भद्रशीला नदी तीरे सत्यस्य व्रतमाचरत् ॥3॥

एतस्मिन्नन्तरे तत्र साधुरेकः समागतः ।

वाणिज्यार्थं बहुधनैरनेकैः परिपूरितः ॥4॥

नावं संस्थाप्य तत्तीरे जगाम नृपतिं प्रति ।

दृष्ट्वा स व्रतिनं भूपं प्रपच्छ विनयान्वितः ॥5॥

साधुरुवाच

किमिदं कुरुषे राजानं भक्तियुक्तेन चेतसा ।

प्रकाशं कुरु तत्सर्वं श्रोतुमिच्छामि सांप्रतम् ॥6॥

राजोवाच

पूजनं क्रियते साधो विष्णोरतुलतेजसः ।

व्रतं च स्वजनैः सार्धं पुत्राद्या वाप्तिकाम्यया ॥7॥

भूपस्य वचनं श्रुत्वा साधुः प्रोवाच सादरम् ।

सर्वं कथय मे राजानं करिष्येऽहम् तवोदितम् ॥8॥

ममापि सन्ततिर्नास्ति ह्येतस्माज्जायते ध्रुवम् ।

ततो निवृत्य वाणिज्यात्सानंदो गृहमागतः ॥9॥

भार्यायै कथितं सर्वं व्रतं संतति दायकम् ।

तदा व्रतं करिष्यामि यदा मे संततिर्भवेत् ॥10॥

इति लीलावतीं प्राह पत्नीं साधुः स सत्तमः ।

एकस्मिन्दिवसे तस्यभार्या लीलावती सती ॥11॥

भर्तृयुक्तानंदचित्ताऽभवद्धर्म-परायणा ।

गर्भिणी साभवत्तस्य भार्या सत्यप्रसादतः ॥12॥

दशमे मासि वै तस्याः कन्या रत्नमजायत ।

दिने दिने सा ववृधे शुक्लपक्षे यथा शशी ॥13॥

नाम्ना कलावती चेति तन्नामकरणं कृतम् ।

ततो लीलावती प्राह स्वामिनं मधुरं वचः ॥14॥

न करोषि किमर्थं वै पुरा संकल्पित व्रतम् ।

साधुरुवाच

विवाह समये त्वस्या करिष्यामि व्रतं प्रिये ॥15॥

इति भार्यां समाश्वास्य जगाम नगरं प्रति ।
ततः कलावती कन्या ववृधे पितृवेश्मनि ॥16॥
दृष्ट्वा कन्यांततः साधुर्नगरे सखिभिः सह ।
मंत्रयित्वा द्रुतं दूतं प्रेषयामास धर्मवित् ॥17॥
विवाहार्थं च कन्यायाः वरं श्रेष्ठं विचारय ।
तेनाज्ञप्तश्च दूतोऽसौ कांचनं नगरं ययौ ॥18॥
तस्मादेकं वणिक्पुत्रं समादायागतो हि सः ।
दृष्ट्वा तु सुंदरं बालं वणिक्पुत्रं गुणान्वितम् ॥19॥
ज्ञातिभिर्बन्धुभिः सार्धं परितुष्टेन चेतसा ।
दत्तावान्साधु पुत्राय कन्यां विधिविधानतः ॥20॥
ततोऽभाग्यवशात्तेन विस्मृतं व्रतमुत्तमम् ।
विवाहसमये तस्यास्तेनरुष्टो भवत्प्रभुः ॥21॥
ततः कालेन नियतो निज कर्म विशारदः ।
वाणिज्यायगतः शीघ्रं जामातृ सहितो वणिक् ॥22॥
रत्नसारपुरे रम्ये गत्वा सिंधु समीपतः ।
वाणिज्यम करोत्साधुर्जामात्रा श्रीमता सह ॥23॥
तौ गतौ नगरे रम्ये चंद्रकेतोर्नृपस्य च ।
एतस्मिन्नेव काले तु सत्यनारायणः प्रभुः ॥24॥
भ्रष्टप्रतिज्ञमालोक्य शापं तस्मै प्रदत्तवान् ।

दारुणं कठिनं चास्य महद्दुःखं भविष्यति ॥ 25 ॥
एकस्मिन्दिवसे राज्ञो धनमादाय तस्करः ।
तत्रैव चागतश्चौरो वणिजौ यत्र संस्थितौ ॥ 26 ॥
तदपश्चात् धावकान् दुतान् दृष्ट्वा भीतेन चेतसा ।
धनं संस्थाप्य तत्रैव स तुशीघ्रमलक्षितः ॥ 27 ॥
ततो दूताः समायाता यत्रास्ते सज्जनो वणिक् ।
दृष्ट्वा नृपधनं तत्र बद्ध्बाऽऽनतौ वणिक्सुतौ ॥ 28 ॥
हर्षेण धावमानाश्च प्रोचुर्नृपसमीपतः ।
तस्करौ द्वौ समानीतौ विलोक्याज्ञापय प्रभो ॥ 29 ॥
राज्ञाऽऽज्ञप्तास्ततः शीघ्रं दृढं बद्ध्वा तु तावुभौ ।
स्थापितौ द्वौ महादुर्गे काराेरेऽविचारतः ॥ 30 ॥
मायया सत्यदेवस्य न श्रुतं कैस्तयोर्वचः ।
अतस्तयोर्धनं राज्ञा गृहीतं चंद्र केतुना ॥ 31 ॥
तच्छापाच्च तयोर्गेहे भार्या चैवाति दुःखिता ।
चौरेणापहृतं सर्वं गृहे यच्च स्थितं धनम् ॥ 32 ॥
आधिव्याधिसमायक्ता क्षुत्पिपासाति दुःखिता ।
अन्नचिंतापरा भूत्वा बभ्राम च गृहे गृहे ।
कलावती तु कन्याऽपि बभ्राम प्रतिवासरम् ॥ 33 ॥
एकस्मिन्दिवसे याता क्षुधार्ता द्विजमन्दिरम् ।
गत्वाऽपश्यद् व्रतं तत्र सत्यनारायणस्य च ॥ 34 ॥

उपविश्य कथां श्रुत्वा वरं प्रार्थितवत्यपि ।
प्रसादभक्षणं कृत्वा ययौ रात्रौ गृहं प्रति ॥35॥
माता कलावतीं कन्यां कथयामास प्रेमतः ।
पुत्रि रात्रौ स्थिता कुत्र किं ते मनसि वर्तते ॥36॥
कन्या कलावती प्राह मातरं प्रति सत्वरम् ।
द्विजालयं व्रतं मातर्दृष्टं वांछित सिद्धिदम् ॥37॥
तच्छ्रुत्वा कन्यका वाक्यं व्रतं कर्तुं समुद्यता ।
सा मुदा तु वणिग्भार्या सत्यनारायणस्य च ॥38॥
व्रतं चक्रे सैव साध्वी बन्धुभिःस्वजनै सह ।
भर्तृजामातरौ क्षिप्रमागच्छेतां स्वमाश्रमम् ॥39॥
अपराधं च मे भर्तुर्जामातुः क्षंतुमर्हसि ।
व्रतेनानेन तुष्टोऽसौ सत्यनारायणः प्रभुः ॥40॥
दर्शयामास स्वप्नं ही चंद्रकेतुं नृपोत्तमम् ।
बन्दिनौ मोचय प्रातर्वणिजौ नृपसत्तम ॥41॥
देयं धनं च तत्सर्वं गृहीतं यत्त्वयाऽधुना ।
नो चेत्त्वां नाशयिष्यामि सराज्य धनपुत्रकम् ॥42॥
एवमाभाष्यराजानं ध्यानगम्योऽभवत्प्रभुः ।
ततः प्रभातसमये राजा च स्वजनैः सह ॥43॥
उपविश्य सभामध्ये प्राह स्वप्नं जनं प्रति ।

बद्धौ महाजनौ शीघ्रं मोचय द्वौ वणिक्सुतौ ॥44॥
इति राज्ञो वचः श्रुत्वा मोचयित्वा महाजनौ ।
समानीय नृपस्याग्रे प्राहुस्ते विनयान्विताः ॥45॥
आनीतौ द्वौ वणिक्यपुत्रौ मुक्तौ निगडबंधनात् ।
ततो महाजनौ नत्वा चंद्रकेतुं नृपोत्तम् ॥46॥
स्मरंतौ पूर्ववृत्तांतं नोचतुर्भयविह्वलौ ।
राजावणिक्सुतौ वीक्ष्य वचः प्रोवाच सादरम् ॥47॥
देवात्प्राप्तं महद्दुःखमिदानीं नास्ति वै भयम् ।
दता निगडसंत्यागं क्षौर कर्माद्यकारयत् ॥48॥
वस्त्रालंकारकंदत्त्वा पारितोष्य नृपश्च तौ ।
पुरस्कृत्य वणिक्पुत्रौ वचमातोषयद्भृशम् ॥49॥
पुरानीतं तुयद्द्रव्यं द्विगुणीकृत्य दत्तवान् ।
प्रोवाच च ततो राजा गच्छ साधो निजाश्रमम् ॥50॥
राजानं प्रणिपत्याह गंतव्यं त्वत्प्रसादतः ।
इत्युक्त्वा तौ महावैश्यौ जग्मतुः स्व गृहं प्रति ॥51॥

॥ इति श्रीस्कन्द पुराणे रेवाखंडे ॥

॥ सत्यनारायण व्रत कथायां तृतीयोऽध्यायः समाप्तः ॥

अथ चतुर्थोऽध्यायः

सूत उवाच

यात्रां तु कृतवान् साधुर्मंगलायनपूर्विकाम् ।
ब्राह्मणेभ्यो धनं दत्त्वा तदा तु नगरं ययौ ॥1।
कियद्दूरं गते साधौ सत्यनारायणः प्रभुः ।
जिज्ञासां कृतवान् साधौ किमस्ति तव नौस्थितम् ॥2॥
ततो महाजनौ मत्तौ हेलया च प्रहस्य वै ।
कथं पृच्छसि भो दंडिन् मुद्रां नेतुं किमच्छसि ॥3॥
लता पत्रादिकं चैव वर्तते तरणौ मम ।
निष्ठुरं च वचः श्रुत्वा सत्यं भवतु ते वचः ॥4॥
एवमुक्त्वा गतः शीघ्रं दंडी तस्य समीपतः ।
कियद् दूरं ततो गत्वा स्थितः सिन्धुसमीपतः ॥5॥
गते दंडिनि साधुश्च कृतनित्यक्रियस्तदा ।
उत्थितां तरणिं दृष्ट्वा विस्मयं परमं ययौ ॥6॥
दृष्ट्वा लतादिकं चैव मूर्च्छितोन्यप तद्भुवि ।
लब्धसंज्ञोवणिक्पुत्रस्ततनिश्चन्तान्वितोऽभवत् ॥7॥
तदा तु दुहितः कान्तो वचनंचेदमब्रवीत् ।
किमर्थं क्रियते शोकःशापो दत्तश्च दंडिना ॥8॥
शक्यते तेन सर्वं हि कर्तुं चात्र न संशयः ।

अतस्तच्छरणंयामो वाञ्छितार्थो भविष्यति ॥9॥
जामातुर्वचनं श्रुत्वा तत्सकाशं गतस्तदा ।
दृष्ट्वा च दंडिनं भक्त्या नत्वा प्रोवाज सादरम् ॥10॥
क्षमस्व चापराधं मे यदुक्तं तव सन्निधो ।
एवं पुनः पुनर्नत्वा महाशोकाकुलोऽभवत् ॥11॥
प्रोवाच वचनं दंडी विलपन्तंविलोक्य च ।
मा रोदीः श्रृणु मद्वाक्यं मम पूजाबहिर्मुखः ॥12॥
ममाज्ञया च दुर्बुद्धे लब्धं दुःखं मुहुर्मुहुः ।
तच्छ्रुत्वा भगवद्वाक्यं स्तुति कर्तुं समुद्यतः ॥13॥

साधु उवाच

त्वश्वायामोहिताः सर्वे ब्राह्माद्यास्त्रिदिवौकसः ।
न जानंति गुणन् रूपं तवाश्चर्यमिदं प्रभो ॥14॥
मूढोऽहंत्वां कथं जाने मोहितस्तव मायया।
प्रसीद पूजयिष्यामि यथा विभवविस्तरैः ॥15॥
पुरा वित्तं च तत्सर्वं त्राहि माम् शरणागतम् ।
श्रुत्वा भक्त्तियुतं वाक्यं परितुष्टो जनार्दनः ॥16॥
वरं च वांछितं दत्त्वा तत्रैवांतर्दधे हरिः ।
ततो नावं समारुह्य दृष्ट्वा वित्तप्रपूरिताम् ॥17॥
कृपया सत्यदेवस्य सफलं वांछितं मम ।

इत्युक्त्वा स्वजनैः सार्धं पूजां कृत्वा यथाविधिः ॥18॥
हर्षेण चाभवत्पूर्णः सत्यदेवप्रसादतः ।
नावं संयोज्ययत्नेन स्वदेशगमनं कृतम् ॥19॥
साधुर्जामातरं प्राह पश्य रत्नपुरीं मम ।
दूतं च प्रेषयामास निजवित्तस्य रक्षकम् ॥20॥
ततोऽसौ नगरं गत्वा साधुभार्यां विलोक्य च ।
प्रोवाच वांछितं वाक्यं नत्वा बद्धांजलिस्तदा ॥21॥
निकटे नरस्यैव जामात्रा सहितो वणिक् ।
आगतो बन्धुवर्गैश्च वित्तैश्च बहुभिर्युतः ॥22॥
श्रुत्वा दूतमुखाद्वाक्यं महाहर्षवती सती ।
सत्यपूजां ततः कृत्वा प्रोवाच तनुजां प्रति ॥23॥
व्रजामि शीघ्रमागच्छ साधुसंदर्शनाय च ।
इति मातृवचः श्रुत्वा व्रतं कृत्वा समाप्य च ॥24॥
प्रसादं च परित्यज्य गता सापि पतिं प्रति ।
तेन रुष्टः सत्यदेवो भर्तारं तरणिं तथा ॥25॥
संहृत्य च धनैः सार्धं जले तस्यावमज्जयत् ।
ततः कलावती कन्या न विलोक्य निजं पतिम् ॥26॥
शोकेन महता तत्र रुदती चापतद् भुवि ।
दृष्ट्वा तथा निधां नावं कन्या च बहुदुःखिताम् ॥27॥
भीतेन मनसा साधुः किमाश्चर्य मिदं भवेत् ।

चिंत्यमानाश्चते सर्वेबभूवुस्तरणिवाहका: ॥28॥
ततो लीलावती कन्यां दृष्ट्वा-सा विह्वलाभवत् ।
विललापातिदु:खेन भर्तारं चेदमब्रवीत ॥29॥
इदानीं नौकयासार्धं कथं सोऽभूदलक्षित: ।
न जाने कस्य देवस्य हेलया चैव सा हृता ॥30॥
सत्यदेवस्य माहात्म्यं ज्ञातु वा केन शक्यते ।
इत्युक्त्वा विललापैव ततश्च स्वजनै:सह ॥31॥
ततो लीलावती कन्यां क्रौडे कृत्वा रुरोदह ।
तत: कलावती कन्या नष्टे स्वामिनिदु:खिता ॥32॥
गृहीत्वा पादुके तस्यानुगतुं च मनोदधे ।
कन्यायाश्चरितं दृष्ट्वा सभार्य: सज्जनो वणिक् ॥33॥
अतिशोकेन संतप्तश्चिन्तयामास धर्मवित् ।
हृतं वा सत्यदेवेन भ्रांतोऽहं सत्यमायया ॥34॥
सत्यपूजां करिष्यामि यथाविभवविस्तरै: ।
इति सर्वान् समाहूय कथयित्वा मनोरथम् ॥35॥
नत्वा च दण्डवद् भूमौसत्यदेवं पुन:पुन: ।
ततस्तुष्ट: सत्यदेवो दीनानां परिपालक: ॥36॥
जगाद वचनं चैनं कृपया भक्तवत्सल: ।
त्यक्त्वा प्रसादं ते कन्यापतिं द्रष्टुं समागता ॥37॥
अतोऽदृष्टोऽभवत्तस्या: कन्यकाया: पतिर्ध्रुवम् ।

गृहं गत्वा प्रसादं च भुक्त्वा साऽऽयति चेत्पुनः ॥38॥
लब्धभर्त्रीसुता साधो भविष्यति न संशयः ।
कन्यका तादृशं वाक्यं श्रुत्वा गगनमण्डलात ॥39॥
क्षिप्रं तदा गृहं गत्वा प्रसादं च बुभोज सा ।
पश्चात् सा पुनरागम्य ददर्श सुजनं पतिम् ॥40॥
ततःकलावती कन्या जगाद पितरं प्रति ।
इदानीं च गृहं याहि विलम्बं कुरुषे कथम् ॥41॥
तच्छ्रुत्वा कन्यकावाक्यं संतुष्टोऽभूद्वणिक्सुतः ।
पूजनं सत्यदेवस्य कृत्वा विधिविधानतः ॥42॥
धनैर्बंधुगणैः सार्द्धं जगाम निजमन्दिरम् ।
पौर्णमास्यां च संक्रान्तौ कृतवान्सत्यपूजनम् ॥43॥
इहलोके सुखं भुक्त्वा चान्ते सत्यपरं ययौ ।
अवैष्णवानामप्राप्यं गुणत्रयविवर्जितम् ॥44॥

॥ इति श्री स्कन्द पुराणे रेवाखंडे

सत्यनारायण व्रत कथायां चतुर्थोऽध्यायः समाप्तः ॥

अथ पञ्चमोऽध्यायः

सूत उवाच

अथान्यच्च प्रवक्ष्यामि श्रृणुध्वं मुनिसत्तमाः ।
आसीत् तुङ्गध्वजो राजा प्रजापालनतत्परः ॥ 1॥
प्रसादं सत्यदेवस्य त्यक्त्वा दुःखमवाप सः ।
एकदा स वनं गत्वा हत्वा बहुविधान् पशून् ॥ 2॥
आगत्य वटमूलं च दृष्ट्वा सत्यस्य पूजनम् ।
गोपाः कुर्वन्ति सन्तुष्टा भक्तियुक्ता सह बान्धवाः ॥ 3॥
राजा दृष्ट्वा तु दर्पेण न गतः न ननाम सः ।
ततो गोपगणाः सर्वे प्रसादं नृपसन्निधौ ॥ 4॥
संस्थाप्य पुनरागत्य भुक्त्वा सर्वे यथेप्सितम् ।
ततः प्रसादं सन्त्यज्य राजा दुःखमवाप सः ॥ 5॥
तस्य पुत्रशतान्नष्टं धनधान्यादिकं तथा ।
सत्यदेवेन तत्सर्वं नाशितं मम निश्चितम् ॥ 6॥
अतस्तत्रैव गच्छामि यत्र देवस्य पूजनम् ।
मनसा तु विनिश्चित्य ययौ गोपालसन्निधौ ॥ 7॥
ततोऽसौ सत्यदेवस्य पूजां गोपगणैः सह ।

भक्तिश्रद्धान्वितो भूत्वा चकार विधिना नृपः ॥ 8॥
सत्यदेवप्रसादेन धनपुत्रान्वितोऽभवत् ।
इह लोके सुखं भुक्त्वा चान्ते सत्यपुरं ययौ ॥ 9॥
य इदं कुरुते सत्यव्रतं परमदुर्लभम् ।
शृणोति च कथां पुण्यां भक्तियुक्तः फलप्रदाम् ॥ 10॥
धनधान्यादिकं तस्य भवेत् सत्यप्रसादतः ।
दरिद्रो लभते वित्तं बद्धो मुच्येत बन्धनात् ॥ 11॥
भीतो भयात् प्रमुच्येत सत्यमेव न संशयः ।
ईप्सितं च फलं भुक्त्वा चान्ते सत्यपुरं व्रजेत् ॥ 12॥
इति वः कथितं विप्राः सत्यनारायणव्रतम् ।
यत् कृत्वा सर्वदुःखेभ्यो मुक्तो भवति मानवः ॥ 13॥
विशेषतः कलियुगे सत्यपूजा फलप्रदा ।
केचित् कालं वन्दिष्यन्ति सत्यमीशं तमेव च ॥ 14॥
सत्यनारायणं केचित् सत्यदेवं तथापरे ।
नानारूपधरो भूत्वा सर्वेषामीप्सितप्रदः ॥ 15॥
भविष्यति कलौ सत्यव्रतरूपी सनातनः ।
श्रीविष्णुना धृतं रूपं सर्वेषामीप्सितप्रदम् ॥ 16॥
य इदं पठते नित्यं शृणोति मुनिसत्तमाः ।
तस्य नश्यन्ति पापानि सत्यदेवप्रसादतः ॥ 17॥

व्रतं यैः स्तु कृतं पूर्वं सत्यनारायणस्य च ।
तेषाम परजन्मानि कथयामि मुनीश्वराः ॥ 18॥
शतानन्दो महाप्राज्ञः सुदामाब्राह्मणोऽभवत् ।
तस्मिञ्जन्मनि श्रीकृष्णं ध्यात्वा मोक्षमवाप सः ॥ 19॥
काष्ठभारवहो भिल्लो गुहराजो बभूव ह ।
तस्मिञ्जन्मनि श्रीरामं सेव्या मोक्षमवाप वै ॥ 20॥
उल्कामुखो महाराजो नृपो दशरथोऽभवत् ।
श्रीरामचन्द्रं सम्पूज्य श्रीवैकोण्ठं तदागमत् ॥ 21॥
धार्मिकः सत्यसन्धश्च साधुर्मोरध्वजोऽभवत् ।
देहार्धं क्रकचैश्छित्त्वा दत्त्वा मोक्षमवाप सः ॥ 22॥
तुङ्गध्वजो महाराजः स्वायम्भुवोऽभवत् किल ।
सर्वान् भागवतान् कृत्वा श्रीवैकोण्ठं तदागमत् ॥ 23॥
भूत्वा गोपाश्च ते सर्वे व्रजमण्डलवासिनः ।
निहत्य राक्षसान् सर्वान् गोलोकं तु तदा ययुः ॥ 24॥

॥ इति श्रीस्कन्दपुराणे रेवाखण्डे श्रीसत्यनारायण
व्रतकथाया-म्पञ्चमो-ऽध्यायः ॥ *5* ॥

श्री स्कन्द पुराण के रेवाखण्ड में वर्णित

श्री सत्यनारायण व्रत की कथा।

(हिंदी अनुवाद)

अध्याय 1
श्री सत्यनारायण की महिमा तथा व्रत की विधि

एक बार नैमिषारण्य तीर्थ में सहस्त्रों ऋषि-मुनि एकत्रित थे। शौनक आदि मुनियों ने पुराणों के महान विद्वान सूतजी से निवेदन किया—“ऐसा कौन-सा व्रत और तप है, जिसके पालन से मनुष्य को मनचाहा फल मिल सके? हम सब उसे सुनना चाहते हैं, कृपा करके कहिए।”

सूतजी ने उत्तर दिया—“ऐसा ही प्रश्न पूर्वकाल में देवऋषि नारद ने किया था। जो उपदेश भगवान लक्ष्मीपति ने उन्हें दिया था, वही मैं आपको सुनाता हूँ।”

नारदजी लोक-कल्याण की भावना से विभिन्न लोकों की यात्रा करते हुए मृत्यु लोक में आए। वहाँ उन्होंने देखा कि जीव अपने पापों के कारण

अनेक प्रकार की योनियों में जन्म लेकर असीम दुःख भोग रहे हैं। यह दृश्य देखकर उनके मन में करुणा उत्पन्न हुई—"इन प्राणियों को दुःख से मुक्त करने का उपाय क्या हो सकता है?" इस विचार से वे विष्णुलोक पहुँचे।

वहाँ उन्होंने भगवान विष्णु के दर्शन किए, जो शंख, चक्र, गदा और पद्म धारण किए थे और जिनके गले में वनमाला सुशोभित थी। नारदजी ने स्तुति कर कहा—"हे अनन्त शक्तिधारी प्रभु, आपको प्रणाम है। आप ही आदि, मध्य और अंत से रहित परम आत्मा हैं।"

भगवान विष्णु ने प्रसन्न होकर पूछा—"हे नारद! तुम्हारे मन में क्या विचार है?"

नारदजी ने निवेदन किया—"हे प्रभु! मृत्यु लोक में लोग अपने कर्मों के कारण दुःख पाते हैं और बार-बार जन्म-मरण के चक्र में फँसते हैं। कृपा करके उनके उद्धार का कोई सरल उपाय बताइए।"

भगवान बोले—"हे नारद! तुमने लोककल्याण की दृष्टि से अत्यन्त उत्तम प्रश्न किया है। एक व्रत है, जो स्वर्ग और मृत्यु लोक दोनों में दुर्लभ है, परन्तु इसके करने से जीव मोह से मुक्त हो जाता है। यही सत्यनारायण व्रत है। इसे श्रद्धा और विधिपूर्वक करने से तत्काल सुख प्राप्त होता है और अंत में मोक्ष की प्राप्ति होती है।"

नारदजी ने पूछा—"प्रभु! इस व्रत का फल क्या है और इसे कब व किस प्रकार करना चाहिए?"

भगवान विष्णु ने उत्तर दिया—"यह व्रत दुःख और शोक को दूर करने वाला, धन-संपत्ति और सौभाग्य देने वाला, संतान और विजय का प्रदाता है। मनुष्य किसी भी दिन श्रद्धापूर्वक ब्राह्मण की सहायता से और अपने परिवार सहित सायंकाल इसका पूजन कर सकता है।

इसमें केले, घी, दूध और गेहूँ के आटे से बने 'सवाये' का नैवेद्य अर्पित करें। यदि गेहूँ उपलब्ध न हो तो चावल के आटे का उपयोग करें और शक्कर के स्थान पर गुड़ मिला दें। पूजा के

पश्चात कथा सुनें, प्रसाद ग्रहण करें, ब्राह्मणों को दक्षिणा दें तथा उन्हें भोजन कराएँ। फिर सब लोग भगवान का स्मरण करते हुए प्रसाद लेकर घर लौटें।

जो भक्त इस प्रकार सत्यनारायण व्रत-पूजन करता है, उसकी सभी मनोकामनाएँ पूर्ण होती हैं। विशेषकर कलियुग में यह व्रत अत्यन्त सरल और फलदायी है।"

इस प्रकार स्कंदपुराण के रेवाखंड में श्री सत्यनारायण व्रत कथा का प्रथम अध्याय समाप्त होता है।

अध्याय 2
निर्धन ब्राह्मण तथा लकड़हारे की कथा

सूतजी बोले – "अब मैं आपको बताता हूँ कि इस व्रत को सबसे पहले किसने किया था। प्राचीन काल में काशीपुरी नामक पवित्र नगरी में एक ब्राह्मण रहता था। वह अत्यंत निर्धन था और भूख-प्यास से पीड़ित होकर जगह-जगह भिक्षा के लिए भटकता रहता था।

उसके दुःख से द्रवित होकर भगवान विष्णु ने एक वृद्ध ब्राह्मण का रूप धारण किया और उसके समीप जाकर स्नेहपूर्वक पूछा – 'हे विप्र! तुम निरंतर दुःख भोगते हुए इस धरती पर क्यों भटकते रहते हो? इसका कारण बताओ।'

ब्राह्मण ने उत्तर दिया – 'मैं अत्यंत निर्धन हूँ। जीवन निर्वाह के लिए भिक्षा पर निर्भर हूँ। यदि

इस निर्धनता को दूर करने का कोई उपाय आप जानते हों तो कृपा करके मुझे बताइए।'

तब वृद्ध ब्राह्मण बने स्वयं भगवान ने कहा – 'विष्णु का सत्यनारायण स्वरूप मनवांछित फल देने वाला है। उनका व्रत और पूजन करने से सभी प्रकार के दुःख दूर हो जाते हैं।'

इतना कहकर भगवान वहाँ से अंतर्ध्यान हो गए। उस निर्धन ब्राह्मण ने मन में निश्चय किया कि वह अवश्य ही यह व्रत करेगा। इस संकल्प से वह इतनी उत्कंठा में रहा कि रातभर उसे नींद नहीं आई। दूसरे दिन भिक्षा माँगने निकला तो उस दिन उसे अपेक्षा से कहीं अधिक दान प्राप्त हुआ। उसी धन से उसने अपने परिवारजनों के साथ मिलकर श्री सत्यनारायण व्रत का आयोजन किया। व्रत के प्रभाव से उसका दुख मिट गया और वह समृद्ध हो गया। तब से वह ब्राह्मण प्रतिमास यह व्रत करने लगा और अंततः सारे पापों से मुक्त होकर

मोक्ष को प्राप्त हुआ। इसी समय एक लकड़हारा, लकड़ियों का बोझ उतारकर प्यास बुझाने के लिए उस ब्राह्मण के घर पहुँचा। उसने वहाँ पूजन होता देखा और आदरपूर्वक ब्राह्मण से पूछा – 'हे प्रभो! आप यह कौन-सा पूजन कर रहे हैं? कृपया विस्तार से बताइए।'

ब्राह्मण ने उत्तर दिया – 'यह सत्यनारायण व्रत है, जो मनुष्य की सभी इच्छाएँ पूरी करता है। इसी व्रत की कृपा से मुझे धन-धान्य और सुख मिला है।'

यह सुनकर लकड़हारा अत्यंत प्रसन्न हुआ। उसने प्रसाद और जल ग्रहण किया और लकड़ियाँ बेचने नगर की ओर चला गया। मार्ग में उसने निश्चय किया कि आज लकड़ियाँ बेचकर जो धन मिलेगा, उससे मैं भी सत्यनारायण व्रत करूँगा। लकड़ियाँ बेचने पर उसे उनकी दुगुनी कीमत मिली। वह प्रसन्न मन से केले, शक्कर, घी, दूध

और गेहूँ का आटा लेकर लौटा। घर आकर उसने अपने परिजनों के साथ मिलकर श्रद्धा-भक्ति से व्रत संपन्न किया। व्रत के प्रभाव से वह धनवान और पुत्रवान हुआ, जीवन भर सुख भोगा और अंत में भगवान सत्यनारायण के लोक को प्राप्त हुआ।"

इस प्रकार श्री स्कंदपुराण के रेवाखंड में श्री सत्यनारायण व्रत कथा का द्वितीय अध्याय समाप्त होता है।

अध्याय 3

राजा उल्कामुख, साधु वणिक, लीलावती-कलावती की कथा

सूतजी बोले – "हे मुनियों! अब मैं आपको एक और कथा सुनाता हूँ। प्राचीन समय में उल्कामुख नामक एक धर्मनिष्ठ राजा था। वह सत्यवादी, इन्द्रियों पर विजय प्राप्त करने वाला और दानी था। प्रतिदिन देवालयों में जाकर पूजा करता और दरिद्रों को दान देकर उनके दुःख दूर करता था। उसकी पत्नी भी सती, पतिव्रता और अत्यन्त सुंदर थी। दोनों ने मिलकर भद्रशीला नदी के किनारे सत्यनारायण भगवान का व्रत संपन्न किया।

उसी समय वहाँ साधु नाम का एक वैश्य पहुँचा। उसके पास बहुत-सा धन था और वह व्यापार के कार्य से वहाँ आया था। जब उसने राजा को व्रत करते देखा तो विनम्रतापूर्वक बोला – "राजन!

आप किस देवता का व्रत कर रहे हैं, कृपया मुझे भी बताइए।"

राजा उल्कामुख ने उत्तर दिया – "हे वैश्य! मैं परिवार सहित संतान-प्राप्ति की कामना से महाशक्तिशाली सत्यनारायण भगवान का व्रत कर रहा हूँ।"

राजा के वचन सुनकर साधु वैश्य ने आदरपूर्वक कहा – "महाराज, कृपया इसका विधान मुझे भी बताइए। मेरे यहाँ भी संतान नहीं है। मैं आपके कथनानुसार यह व्रत करूंगा।"

राजा से विधान जानकर साधु वैश्य घर लौटा और अपनी पत्नी लीलावती से इस संतानदायी व्रत का समाचार साझा किया। उसने प्रण किया कि जब संतान प्राप्त होगी तभी वह इस व्रत को संपन्न करेगा।

कालांतर में लीलावती गर्भवती हुई और दसवें माह में उसने एक सुन्दर कन्या को जन्म दिया।

कन्या का नाम कलावती रखा गया। उसके जन्म के बाद लीलावती ने पति को स्मरण दिलाया – "आपने व्रत करने का जो संकल्प लिया था, अब उसे पूरा कीजिए।"

वैश्य ने कहा – "प्रिय! मैं कन्या के विवाह के अवसर पर यह व्रत अवश्य करूँगा।" और आश्वासन देकर वह व्यापार के लिए निकल पड़ा। बहुत दिनों बाद लौटने पर उसने नगर में अपनी पुत्री को सखियों के साथ खेलते देखा। फिर उसने दूत को भेजकर योग्य वर की खोज करने का आदेश दिया।

दूत कंचननगर गया और वहाँ से एक उपयुक्त वणिक पुत्र को वर के रूप में लेकर आया। साधु वैश्य ने प्रसन्नचित्त होकर कन्या कलावती का विवाह उस वणिक पुत्र से कर दिया। किन्तु विवाह के अवसर पर भी वह सत्यनारायण व्रत करना भूल गया।

इस भूल से भगवान क्रुद्ध हुए और उसे शाप दिया कि अब उसे दारुण दुःख भोगने होंगे।
साधु वैश्य और उसका जामाता व्यापार हेतु नावों के साथ रत्नसारपुर नामक नगर पहुँचे। यह नगर राजा चंद्रकेतु का था। वे दोनों वहाँ ठहरकर व्यापार कर रहे थे। तभी भगवान की लीला से प्रेरित होकर एक चोर राजा का धन चुराकर भागा और पीछा करने पर भयभीत होकर वह धन साधु वैश्य की नाव में छिपाकर चला गया।
राजा के सैनिकों ने धन उसी नाव में पाया और ससुर-जमाई को चोर समझकर बाँध लिया। बिना कुछ सुने राजा ने उन्हें कारागार में डालने और उनका धन जब्त करने का आदेश दे दिया।

उधर घर पर लीलावती और कलावती पर विपत्ति आ पड़ी। चोरों ने उनके घर का भी धन चुरा लिया। दोनों दुखी और निराश हो गईं। भूख-प्यास और दुख से व्याकुल कलावती एक दिन भोजन की तलाश में बाहर निकली और एक

ब्राह्मण के घर पहुँची। वहाँ उसने सत्यनारायण व्रत होते देखा। उसने कथा सुनी और प्रसाद ग्रहण कर लौटी।

घर पहुँचने पर माता ने उससे पूछा – "पुत्री! तू कहाँ गई थी और इतनी प्रसन्न क्यों दिख रही है?"

कलावती ने उत्तर दिया – "माता! मैंने एक ब्राह्मण को सत्यनारायण भगवान का व्रत करते देखा है।"

यह सुनकर लीलावती ने तुरंत पूजन की तैयारी की और परिवारजनों के साथ व्रत किया। उसने भगवान से प्रार्थना की – "हे प्रभु! मेरे पति और दामाद को कारागार से मुक्त कर घर लौटाइए और हमारे अपराध क्षमा कीजिए।"

भगवान व्रत से प्रसन्न होकर राजा चंद्रकेतु के स्वप्न में प्रकट हुए और कहा – "तुमने जिन दोनों वैश्यों को कैद किया है वे निर्दोष हैं। उन्हें तुरंत मुक्त करो, अन्यथा तुम्हारा धन, राज्य और परिवार सब नष्ट हो जाएगा।"

प्रातः राजा ने स्वप्न की बात सभा में बताई और आदेश दिया कि दोनों वैश्यों को तुरन्त रिहा किया जाए। राजा ने उन्हें आदरपूर्वक वस्त्राभूषण पहनाए और जितना धन उनसे लिया था उसका दूना लौटाकर सम्मानपूर्वक विदा किया।

इस प्रकार साधु वैश्य और उसका जामाता सकुशल घर लौटे।"

इस प्रकार श्री स्कंदपुराण के रेवाखंड में श्री सत्यनारायण व्रत कथा का तृतीय अध्याय समाप्त होता है।

अध्याय 4

असत्य भाषण तथा भगवान के प्रसाद की अवहेलना का परिणाम

सूतजी ने कहा – उस वैश्य ने शुभ मंगलाचरण कर यात्रा आरम्भ की और अपने नगर की ओर चल पड़ा। तभी मार्ग में उसे दण्डी रूप में प्रकट हुए श्रीसत्यनारायण भगवान मिले और उन्होंने उससे पूछा – "हे साधु! तेरी नाव में क्या है?" वैश्य ने हँसते हुए उत्तर दिया – "हे दण्डी! आप यह क्यों जानना चाहते हैं? क्या आपको धन की इच्छा है? मेरी नाव में तो केवल बेल-पत्ते भरे हैं।" उसके ये कठोर वचन सुनकर भगवान ने कहा – "तथास्तु! जैसा तूने कहा है, वैसा ही हो।" यह कहकर वे वहाँ से दूर जाकर समुद्र तट पर बैठ गए।

भगवान के वहाँ से जाने के बाद, जब वैश्य ने नित्यकर्म पूरा किया और नाव को ऊपर उठते

देखा, तो उसे बड़ी आश्चर्यजनक स्थिति दिखी। नाव सचमुच बेल-पत्तों से भरी थी। यह देखकर वह मूर्छित होकर भूमि पर गिर पड़ा। होश आने पर शोक से भर गया। तभी उसका दामाद बोला – "आप शोक न करें। यह दण्डी भगवान का शाप है। हमें उनकी शरण लेकर क्षमा माँगनी चाहिए, तभी हमारी इच्छा पूरी होगी।"

दामाद की सलाह पर वैश्य दण्डी भगवान के पास पहुँचा, विनम्रतापूर्वक प्रणाम किया और कहने लगा – "हे प्रभु! मैंने आपसे जो असत्य वचन कहे थे, उसके लिए मुझे क्षमा करें।" यह कहते-कहते वह रोने लगा। तब भगवान बोले – "हे वैश्यपुत्र! मेरी आज्ञा से तुझे बार-बार कष्ट मिले हैं, क्योंकि तू मेरी पूजा से विमुख रहा है।"

वैश्य ने हाथ जोड़कर कहा – "हे प्रभु! आपकी माया अपरंपार है। स्वयं ब्रह्मा आदि देवता भी आपके स्वरूप को नहीं जानते, तो मैं अज्ञानी कैसे जान पाता? आप प्रसन्न होइए। अब मैं अपनी

सामर्थ्य के अनुसार आपकी पूजा अवश्य करूँगा। मेरी रक्षा कीजिए और मेरी नाव में पुनः धन भर दीजिए।"

उसके भक्तिपूर्ण वचन सुनकर भगवान प्रसन्न हुए और इच्छानुसार वरदान देकर अन्तर्धान हो गए। जब वैश्य और उसका दामाद नाव पर पहुँचे तो वह पुनः धन-धान्य से परिपूर्ण दिखी। उन्होंने अपने साथियों सहित वहीं सत्यनारायण भगवान की विधिपूर्वक पूजा की और नगर की ओर चल पड़े।

नगर के समीप पहुँचकर उन्होंने दूत को घर भेजा। दूत ने जाकर वैश्य की पत्नी लीलावती को प्रणाम किया और कहा – "तुम्हारे पति और दामाद नगर के निकट पहुँच चुके हैं।" यह सुनकर लीलावती ने अत्यंत हर्षित होकर सत्यनारायण भगवान का पूजन किया और अपनी पुत्री कलावती से कहा – "मैं अपने पति के स्वागत हेतु जा रही हूँ, तू प्रसाद ग्रहण कर कार्य पूर्ण करके शीघ्र आना।"

माता की आज्ञा सुनकर कलावती शीघ्रता में प्रसाद अर्पण अधूरा छोड़कर पति के स्वागत हेतु निकल गई। प्रसाद की अवमानना से भगवान रुष्ट हो गए और नाव सहित उसके पति को समुद्र में विलीन कर दिया। पति के न मिलने पर कलावती विलाप करते हुए भूमि पर गिर पड़ी। उसे रोता देखकर और नाव को डूबा देखकर वैश्य भी अत्यंत दुखी हुआ और प्रार्थना करने लगा – "हे प्रभु! मुझसे और मेरे परिवार से जो भूल हुई है, उसे क्षमा करें।"

वैश्य की दीन प्रार्थना सुनकर श्रीसत्यनारायण भगवान प्रसन्न हुए और आकाशवाणी हुई – "हे साधु! तेरी कन्या ने प्रसाद का अनादर किया है, इसलिए उसका पति अदृश्य हो गया। यदि वह घर लौटकर प्रसाद ग्रहण करे और फिर यहाँ आए, तो उसे उसका पति पुनः मिलेगा।"

आकाशवाणी के अनुसार कलावती घर गई, प्रसाद ग्रहण किया और पुनः लौटी तो उसे अपना पति सुरक्षित दिखाई दिया। यह देखकर वह

अत्यंत प्रसन्न हुई। इसके बाद साधु वैश्य ने अपने परिवारजनों और बंधु-बांधवों सहित श्रीसत्यनारायण भगवान की विधिपूर्वक पूजा-अर्चना की। इस प्रकार वह इस लोक में सुखी जीवन व्यतीत कर अंत समय में स्वर्गलोक को प्राप्त हुआ।

इस प्रकार श्री स्कंदपुराण के रेवाखंड में श्री सत्यनारायण व्रत कथा का चतुर्थ अध्याय समाप्त होता है।

अध्याय 5

राजा तुंगद्वज और गोपगणों की कथा

सूतजी ने कहा – "हे ऋषिगण! अब मैं आपको एक और प्रसंग सुनाता हूँ, ध्यानपूर्वक सुनें। प्रजा के पालन-पोषण में तत्पर तुंगध्वज नाम का एक राजा हुआ। उसने भी एक बार भगवान के प्रसाद का अनादर किया और भारी दुःख भोगा।

एक दिन वह शिकार खेलने जंगल गया और पशु-पक्षियों का वध कर थका-हारा एक बड़े बरगद के नीचे आ बैठा। वहाँ उसने ग्वालों को अपने परिवार सहित अत्यंत श्रद्धा और भक्ति से श्रीसत्यनारायण भगवान का पूजन करते देखा। किंतु अहंकार से भरकर राजा न तो पूजा-स्थान में गया और न ही भगवान को प्रणाम किया।

ग्वालों ने प्रेमपूर्वक उसे प्रसाद दिया, परंतु राजा ने उसका भी अनादर किया और वहीं छोड़कर अपने नगर लौट गया। जब वह नगर पहुँचा तो देखा कि सब कुछ नष्ट-भ्रष्ट हो चुका है। तब उसे समझ में

आया कि यह सब भगवान के अपमान का ही फल है।

पश्चाताप से व्याकुल होकर वह पुनः ग्वालों के पास गया, विधिवत् पूजा की और प्रसाद ग्रहण किया। तब श्रीसत्यनारायण भगवान की कृपा से उसके नगर का सब कुछ पूर्ववत हो गया।

दीर्घकाल तक सुख-संपत्ति का आनंद लेकर अंत समय में राजा को स्वर्गलोक की प्राप्ति हुई। इस प्रकार, जो कोई मनुष्य इस परम दुर्लभ व्रत का विधिपूर्वक पालन करता है, उसे भगवान सत्यनारायण की कृपा से धन-धान्य और संतति की प्राप्ति होती है, भय का नाश होता है और सब मनोरथ पूर्ण होते हैं। अंत में वह भक्त बैकुंठधाम को जाता है।

इसके बाद सूतजी ने आगे कहा – "अब मैं उन लोगों के अगले जन्म की कथा भी बताता हूँ जिन्होंने पहले इस व्रत का पालन किया था। वृद्ध शतानंद ब्राह्मण ने अगले जन्म में सुदामा रूप धारण कर मोक्ष पाया। लकड़हारा निषाद के रूप

में जन्मा और मुक्ति को प्राप्त हुआ। उल्कामुख राजा दशरथ के रूप में जन्म लेकर बैकुंठ को गया। साधु नाम का वैश्य मोरध्वज बना और अपने पुत्र को आरे से चीरकर भी भगवान की कृपा से मुक्ति प्राप्त की। राजा तुंगध्वज स्वयंभू रूप में उत्पन्न हुआ और भगवान में भक्ति करके मोक्ष को प्राप्त हुआ।"

इस प्रकार कथा सुनकर सभी ऋषि-मुनियों ने आदरपूर्वक श्रीहरि को प्रणाम किया।

इस प्रकार श्री स्कंदपुराण के रेवाखंड में श्री सत्यनारायण व्रत कथा का पंचम अध्याय समाप्त होता है।

आरती ॐ जय जगदीश हरे

ॐ जय जगदीश हरे,
स्वामी जय जगदीश हरे।
भक्त जनों के संकट,
दास जनों के संकट,
क्षण में दूर करे।
ॐ जय जगदीश हरे॥
जो ध्यावे फल पावे,
दुःखबिन से मन का,
स्वामी दुःखबिन से मन का।
सुख सम्पति घर आवे,
सुख सम्पति घर आवे,
कष्ट मिटे तन का।
ॐ जय जगदीश हरे॥
मात पिता तुम मेरे,
शरण गहूं किसकी,
स्वामी शरण गहूं मैं किसकी।
तुम बिन और न दूजा,
तुम बिन और न दूजा,

आस करूं मैं जिसकी ।
ॐ जय जगदीश हरे ॥
तुम पूरण परमात्मा,
तुम अन्तर्यामी,
स्वामी तुम अन्तर्यामी ।
पारब्रह्म परमेश्वर,
पारब्रह्म परमेश्वर,
तुम सब के स्वामी ।
ॐ जय जगदीश हरे ॥
तुम करुणा के सागर,
तुम पालनकर्ता,
स्वामी तुम पालनकर्ता ।
मैं मूरख फलकामी
मैं सेवक तुम स्वामी,
कृपा करो भर्ता ।
ॐ जय जगदीश हरे ॥
तुम हो एक अगोचर,
सबके प्राणपति,
स्वामी सबके प्राणपति ।

किस विधि मिलूं दयामय,
किस विधि मिलूं दयामय,
तुमको मैं कुमति।
ॐ जय जगदीश हरे॥
दीन-बन्धु दुःख-हर्ता,
ठाकुर तुम मेरे,
स्वामी रक्षक तुम मेरे।
अपने हाथ उठाओ,
अपने शरण लगाओ
द्वार पड़ा तेरे।
ॐ जय जगदीश हरे॥
विषय-विकार मिटाओ,
पाप हरो देवा,
स्वमी पाप हरो देवा।
श्रद्धा भक्ति बढ़ाओ,
श्रद्धा भक्ति बढ़ाओ,
सन्तन की सेवा।
ॐ जय जगदीश हरे॥

श्री सत्यनारायणजी की आरती

जय लक्ष्मी रमणा, स्वामी जय लक्ष्मी रमणा।
सत्यनारायण स्वामी, जन पातक हरणा॥
ऊँ स्वामी जय लक्ष्मी रमणा

रतन जड़ित सिंहासन, अदभुत छवि राजे।
नारद करत नीराजन, घंटा वन बाजे॥
ऊँ स्वामी जय लक्ष्मी रमणा

प्रकट भए कलिकारण, द्विज को दरस दियो।
बूढ़ो ब्राह्मण बनकर, कंचन महल कियो॥
ऊँ स्वामी जय लक्ष्मी रमणा

दुर्बल भील कठोरो, जिन पर कृपा करी।
चंद्रचूड़ एक राजा, तिनकी विपत्ति हरि॥
ऊँ स्वामी जय लक्ष्मी रमणा

वैश्य मनोरथ पायो, श्रद्धा तज दीन्ही।
सो फल भाग्यो प्रभुजी, फिर स्तुति कीन्ही॥

ॐ स्वामी जय लक्ष्मी रमणा

भव भक्ति के कारण, छिन-छिन रूप धरयो।
श्रद्धा धारण कीन्ही, तिनको काज सरो ॥
ॐ स्वामी जय लक्ष्मी रमणा

ग्वाल-बाल संग राजा, बन में भक्ति करी।
मनवांछित फल दीन्हो, दीन दयालु हरि॥
ॐ स्वामी जय लक्ष्मी रमणा

चढत प्रसाद सवायो, कदली फल मेवा ।
धूप-दीप-तुलसी से, राजी सत्यदेवा ॥
ॐ स्वामी जय लक्ष्मी रमणा

सत्यनारायणजी की आरती जो कोई नर गावे ।
ऋषि-सिद्ध सुख-संपत्ति सहज रूप पावे ॥
ॐ स्वामी जय लक्ष्मी रमणा

www.ingramcontent.com/pod-product-compliance
Lightning Source LLC
LaVergne TN
LVHW022108071026
849580LV00014B/2025
* 9 7 8 9 3 3 4 4 2 9 7 0 1 *